Geniale Rezepte von 1 Blech

Fleisch, Fisch, Gemüse & Co. einfach zusammen in den Ofen

Weltbild

INHALT

Vorwort 4
Einleitung 6

Snacks und kleine Gerichte 10
Fleisch und Geflügel 32
Fisch und Gemüse 58
Rezeptregister 78

VORWORT

Was könnte bequemer sein, als einfach den Backofen einen Großteil des Kochens erledigen zu lassen! Ganz unkompliziert gelingt dies mit Ofengerichten, bei denen die vorbereiteten Zutaten einfach zusammen aufs Backblech oder in die Fettpfanne kommen. Auf diese Weise können Sie problemlos ein komplettes Gericht zubereiten. Aufwendige Vorbereitungsschritte sind dabei nicht nötig und die Arbeit beschränkt sich im Wesentlichen aufs Putzen, Waschen und Kleinschneiden der Zutaten und gegebenenfalls weitere kleinere Vorbereitungen. Anstatt mit mehreren Töpfen und Pfannen zu hantieren, benötigt man kaum Zubehör. So halten sich auch der Abwasch und das Aufräumen in Grenzen. Und während die Zutaten im Ofen garen, kann man sich getrost anderen Dingen widmen. Da sich viele Zutaten gut vorbereiten lassen, eignen sich zahlreiche Gerichte zudem gut für den Feierabend. Aber auch Familienmahlzeiten oder Verwöhngerichte fürs Wochenende sind im Handumdrehen im Ofen, wo sie anschließend gemütlich schmoren.

So passen Backblechmahlzeiten zu jedem Geschmack und Anlass: Snacks und kleine Gerichten wie Mini-Pizzen mit Salami oder Zucchini-Eier-Nester stillen den Hunger zwischendurch. Herzhafte Fleisch- und Geflügelgerichte wie Hähnchenbrust mit Äpfeln oder Roastbeef mit Spargel machen richtig schön satt. Und köstliche Fisch- und Gemüsegerichte wie Forelle mit Kartoffeln oder Kohlgemüse vom Blech sorgen für Abwechslung auf dem Speiseplan. Im Nu steht eine vollwertige Mahlzeit auf dem Tisch.

Lassen Sie sich von der Vielfalt der Rezepte inspirieren, schalten Sie den Ofen an und probieren Sie es einfach aus!

Einleitung

Gerichte, bei denen alle Zutaten auf einem Blech zubereitet werden, sind in unserem hektischen Alltag eine echte Erleichterung. Das ist nicht nur einfach und zeitsparend, sondern sorgt auch für vielfältige Geschmackserlebnisse. So vereinen sich z. B. die Aromen von Fleisch oder Fisch und Gemüse harmonisch auf einem Blech. Flach über die gesamte Fläche verteilt, garen die Zutaten gleichmäßig, entwickeln bei Temperaturen ab 140 ° fantastische Röstaromen und die beim starken, trockenen Erhitzen karamellisierenden Kohlenhydrate verleihen den Zutaten ein intensives Aroma.

Für Fleisch- und Fischliebhaber

Von Schweine- über Rindfleisch bis hin zu Geflügel haben Fleischliebhaber die Qual der Wahl. Die Garzeit hängt dabei von der Art und Dicke des Fleisches ab. Besonders schnell garen dünnere Fleischzuschnitte, etwa längs halbierte Hähnchenbrustfilets oder Wurstscheiben. Aber auch Hackbällchen, Roastbeef oder Schweinerollbraten lassen sich auf dem Blech zubereiten. Wer möchte, kann das Fleisch vorher kurz in der Pfanne anbraten, damit es schneller durchgart und besonders zart und saftig wird. Auch Fisch und Meeresfrüchte wie etwa Lachsfilet, Garnelen oder ganze Forellen bieten viele Möglichkeiten. Besonders zart und aromatisch wird der Fisch, wenn er vorab mariniert oder in Backpapier- oder Alupäckchen gebacken wird. Schön saftig bleibt er, wenn man ihn mit Zitronenscheiben bedeckt. Man kann den Fisch jedoch auch offen garen, wobei Zitronen oder frische Kräuter für zusätzliche Aromen sorgen.

Gemüse und fleischlose Alternativen

Wer gern frisches Gemüse verwendet, kann die Zutaten einfach am Vorabend putzen, waschen bzw. schälen und klein schneiden. Alternativ lassen sich Dosengemüse oder

Einleitung

TK-Produkte verwenden. Auch kräftig gewürzter oder marinierter Tofu (zuvor zwischen Küchenpapier legen, beschweren und gut abtropfen lassen), Tempeh und Seitan können Sie im Ofen knusprig braten.

Gekühlte Nudeln oder Reis vom Vortag eignen sich auch gut zur Resteverwertung, etwa in einem Gemüsegericht, wobei sie bei Bedarf mit etwas Flüssigkeit vermischt werden, damit sie beim Backen nicht austrocknen. Werden sie zu dunkel, kann man sie einfach mit Alufolie abdecken. Wollen Sie Reis und Nudeln hingegen ungekocht verwenden, sind ein tiefes Backblech und ausreichend Flüssigkeit (z. B. Brühe) nötig.

Garzeiten beachten!

Jeder Ofen heizt unterschiedlich. Das gilt nicht nur für verschiedene Modelle, sondern hängt auch vom Alter des Backofens ab. So hält ein recht neuer Ofen die Temperatur besser als ein älteres Exemplar, das oft nicht mehr so hoch bzw. konstant heizt. Im nachfolgenden Rezeptteil sind die Temperaturen sowohl für Ober-/Unterhitze als auch für Umluft angegeben. Bei Umluft zirkuliert die heiße Luft im Ofen,

was dem Gargut Feuchtigkeit entzieht und ein besonders krosses Ergebnis erzielt. Bei Ober-/Unterhitze entsteht hingegen keine Luftzirkulation und die Speisen bleiben saftiger. Daher ist die Einstellung vor allem für Gerichte geeignet, die nicht austrocknen sollen, wie z. B. saftige Fleischgerichte.

Die Garzeit hängt auch von der Art der verwendeten Zutaten ab. So benötigen härtere Gemüsesorten (z. B. Wurzelgemüse und Kartoffeln) länger im Backofen als Gemüse mit einem hohen Wasseranteil (z. B. Tomaten, Zucchini oder Spinat). Wenn Sie also Zutaten mit sehr unterschiedlichen Garpunkten verwenden, sollten Sie solche mit kürzeren Garzeiten einige Minuten später hinzugeben oder Zutaten, die länger brauchen, in kleinere Stücke schneiden. Behalten Sie den Garzustand gegen Backzeitende auf jeden Fall gut im Auge und passen Sie die Garzeit individuell an.

Backblech und Zubehör

Neben flachen Blechen, auf denen beispielsweise Ofengemüse besonders knusprig wird, gibt es auch Fettpfannen mit hohem Rand, die sich gut für flüssige Zutaten wie z. B. Brühe oder Soßen eignen. Eine Küchenzange bzw. ein Pfannenwender, um die Zutaten auf dem Blech zu wenden und herunterzunehmen, sowie Ofenhandschuhe, damit man sich beim Herausnehmen des Blechs nicht verbrennt, sind ebenfalls wichtig. Wer oft Fleisch im Ofen zubereitet, kann sich zudem ein Fleischthermometer zulegen, um den Garzustand genau zu bestimmen.

Öl fürs Blech und zum Bestreichen

Blech oder Fettpfanne mit Backpapier auszulegen, erleichtert den späteren Abwasch. Öl (z. B. Sonnenblumen-, Oliven- oder Rapsöl) verhindert zudem das Austrocknen der Zutaten. Damit das Gargut eine knusprige Textur erhält und nicht fettig wird, sollte es nur leicht benetzt werden. So reichen beispielsweise für Ofengemüse meist zwei Esslöffel Öl, das man dünn mit einem Pinsel auf dem Gemüse verteilt. Auch eine ölhaltige Marinade ist bei vielen Fleisch- und Gemüsesorten sinnvoll. Eine Alternative ist das Schmoren der Zutaten in ausreichend Flüssigkeit oder stark wasserhaltigen Zutaten (z. B. Brühe, passierte Tomaten). Die Wahl hängt dabei von der Art der zubereiteten Gerichte und der gewünschten Textur ab.

Snacks und kleine Gerichte

Snacks und kleine Gerichte

NACHOS VOM BLECH

Zutaten für 6 Portionen

200 g Tomaten, 1 Jalapeño, 1 Avocado, 1 rote Zwiebel,
150 g Mais (aus der Dose), 150 g schwarze Bohnen (aus der Dose),
½ TL Salz, frisch gemahlener Pfeffer, 1 Bund Koriander,
250 g Tortillachips, 200 g geriebener Käse,
100 g Sour Cream oder Crème fraîche zum Garnieren,
abgeriebene Schale von ½ unbehandelten Limette

Zubereitung *ca. 15 Min.*
Backzeit *ca. 10 Min.*

Pro Portion *ca. 498 kcal • 17 g EW • 26 g F • 37 g KH*

1. Backofen auf 200 °C (Umluft: 180 °C) vorheizen. Tomaten und Jalapeño putzen, waschen und trocken tupfen. Tomaten in Würfel, Jalapeño in Scheiben schneiden. Avocado halbieren, entkernen, Fruchtfleisch aus der Schale lösen und klein schneiden. Zwiebel schälen und würfeln. Mais und Bohnen über einem Sieb abtropfen lassen. Vorbereitetes Gemüse in einer Schüssel mischen, salzen und pfeffern.

2. Koriander waschen, trocken schütteln, Blättchen abzupfen und grob hacken. Tortillachips auf einem mit Backpapier belegten Backblech verteilen, Gemüse gleichmäßig darübergeben und alles mit geriebenem Käse bestreuen. Im vorgeheizten Backofen ca. 10 Minuten backen.

3. Herausnehmen, auf Tellern oder einer Servierplatte anrichten und noch warm mit Sour Cream oder Crème fraîche sowie Limettenabrieb garniert und mit Koriander bestreut servieren.

Snacks und kleine Gerichte

ZUCCHINI-EIER-NESTER

Zutaten für 2 Portionen

2 große Zucchini, 1 TL Salz,
100 g Chorizo (spanische Paprikawurst),
4 Eiweiß und 4 Eier,
frisch gemahlener Pfeffer,
½ TL Knoblauchpulver,
½ TL Zwiebelpulver

Zubereitung *ca. 20 Min. + ca. 10 Min. Ruhezeit*
Backzeit *ca. 15 Min.*

Pro Portion *ca. 425 kcal • 39 g EW • 25 g F • 12 g KH*

1. Backofen auf 180 °C (Umluft: 160 °C) vorheizen. Zucchini putzen, waschen, trocken tupfen und mithilfe eines Spiralschneiders in dünne, lange Streifen schneiden. In einer Schüssel mit Salz mischen und ca. 10 Minuten ruhen lassen.

2. Zucchinistreifen gut ausdrücken und Flüssigkeit abgießen. Chorizo in kleine Würfel schneiden. Eiweiße gründlich mit Zucchini vermischen und mit Pfeffer, Knoblauch- und Zwiebelpulver würzen.

3. Zucchinimischung auf einem mit Backpapier belegten Backblech zu vier runden Nestern formen, jeweils 1 Ei in die Mitte geben und Chorizo gleichmäßig darauf verteilen. Im vorgeheizten Backofen ca. 15 Minuten backen, bis die Eier gestockt sind. Herausnehmen, auf Tellern verteilen und mit Pfeffer bestreut servieren.

Snacks und kleine Gerichte

BÖREK MIT FETAFÜLLUNG

Zutaten für 10 Stück

*2 Zweige Thymian, 3 Stängel Petersilie,
250 g Feta, ½ TL Chiliflocken,
2 EL griechischer Joghurt und etwas Joghurt zum Bestreichen,
Salz, 10 Blätter Filo- oder Yufkateig (aus dem Kühlregal),
1 Eigelb, 1 EL schwarzer Sesam*

Zubereitung *ca. 15 Min.*
Backzeit *ca. 20 Min.*

Pro Stück *ca. 149 kcal • 7 g EW • 6 g F • 16 g KH*

1. Backofen auf 220 °C (Umluft: 200 °C) vorheizen. Thymian und Petersilie waschen, trocken schütteln, Nadeln bzw. Blättchen abzupfen und fein hacken. Feta in einer Schüssel mithilfe einer Gabel fein zerdrücken, mit Kräutern, Chiliflocken und Joghurt mischen und mit Salz abschmecken.

2. Teigblätter jeweils dünn mit Joghurt bestreichen und je 1 Esslöffel Fetafüllung auf die unteren Hälften setzen. Untere Teighälfte über der Füllung einschlagen und vom gefüllten Ende zur Spitze hin aufrollen. Auf ein mit Backpapier belegtes Backblech legen.

3. Eigelb in einem Schälchen verschlagen und Teigröllchen damit bestreichen. Röllchen mit Sesam bestreuen und im vorgeheizten Backofen ca. 15–20 Minuten goldbraun und knusprig backen. Herausnehmen und servieren. Dazu passt Ajvar zum Dippen.

Snacks und kleine Gerichte

ZUCCHINI-STICKS

Zutaten für 2 Portionen

60 g Panko- oder Paniermehl,
30 g geriebener Parmesan,
Salz, frisch gemahlener Pfeffer,
2 Eier, 3 EL Mehl, 3 große Zucchini

Zubereitung *ca. 15 Min.*
Backzeit *ca. 20 Min.*

Pro Portion *ca. 436 kcal • 27 g EW • 13 g F • 53 g KH*

1. Backofen auf 220 °C (Umluft: 200 °C) vorheizen. Panko- oder Paniermehl in einem tiefen Teller mit Parmesan sowie etwas Salz und Pfeffer mischen. Eier in einem weiteren tiefen Teller verschlagen und ebenfalls mit Salz und Pfeffer würzen. Mehl in einem dritten tiefen Teller verteilen.

2. Zucchini putzen, waschen, trocken tupfen und in gleich große Stifte schneiden. Zucchini-Sticks zuerst im Mehl, dann in den verschlagenen Eiern und anschließend in der Panademischung wenden.

3. Gleichmäßig auf einem mit Backpapier belegten Backblech verteilen und im vorgeheizten Backofen ca. 20 Minuten goldbraun backen. Herausnehmen und sofort servieren.

Tipp Dazu passen würzige Soßen und Dips, z. B. Kräuterquark, Mayonnaisedips oder selbst gemachter Ketchup.

GEBACKENE FEIGEN MIT ZIEGENKÄSE

Zutaten für 2 Portionen

*8 Feigen, 100 g Ziegenkäse (Rolle),
4 Zweige Thymian, 4 TL Honig,
Salz, frisch gemahlener Pfeffer,
4 EL gehackte Pistazien,
etwas Sesam zum Bestreuen*

Zubereitung *ca. 15 Min.*
Backzeit *ca. 15 Min.*

Pro Portion *ca. 484 kcal • 20 g EW • 29 g F • 38 g KH*

1. Backofen auf 200 °C (Umluft: 180 °C) vorheizen. Feigen waschen, trocken tupfen und kreuzweise einschneiden, aber nicht durchschneiden. Ziegenkäse klein schneiden und in der Mitte der Feigen verteilen. Thymian waschen, trocken tupfen und klein schneiden

2. Feigen jeweils mit ½ Teelöffel Honig beträufeln, mit Salz und Pfeffer würzen und mit Thymian belegen. Auf einem mit Backpapier belegten Backblech ca. 15 Minuten im vorgeheizten Backofen backen, herausnehmen und mit Pistazien und Sesam bestreut servieren. Dazu passt ein gemischter Salat.

Tipp Statt Thymian können Sie auch Rosmarin, statt Ziegenkäse Schafskäse und anstelle von Pistazien Pinienkerne verwenden. Zusätzlich können Sie die Feigen mit je 1 Scheibe Speck umwickeln und sie mit Balsamicocreme garniert servieren.

Snacks und kleine Gerichte

CROQUE MONSIEUR

Zutaten für 4 Portionen

*8 Scheiben Toast, 300 g Emmentaler (in Scheiben),
2 EL weiche Butter, 1 EL mittelscharfer Senf,
4 Scheiben Kochschinken,
200 ml Bechamelsoße (Fertigprodukt),
frisch gemahlener Pfeffer*

Zubereitung *ca. 10 Min.*

Backzeit *ca. 10 Min.*

Pro Portion *ca. 631 kcal • 33 g EW • 43 g F • 27 g KH*

1. Backofen auf 200 °C (Umluft: 180 °C) vorheizen. Toastscheiben auf ein mit Backpapier belegtes Backblech legen und auf der obersten Schiene des vorgeheizten Backofens ca. 2–3 Minuten rösten (alternativ: kurz im Toaster toasten). Herausnehmen und leicht abkühlen lassen.

2. Käse in Streifen schneiden. Butter und Senf in einem Schälchen verrühren und Hälfte der Toastscheiben damit bestreichen. Mit Schinken und Hälfte des Käses belegen, etwas Bechamelsoße daraufgeben und mit Pfeffer würzen.

3. Mit restlichen Toastscheiben belegen, mit Bechamelsoße bestreichen und restlichen Käse darübergeben. Im heißen Backofen ca. 5–7 Minuten backen, bis der Käse geschmolzen ist. Herausnehmen und servieren.

Tipp Anstelle von Toast können Sie auch Brotscheiben vom Vortag verwenden. Statt Emmentaler eignet sich z. B. auch Comté oder Gruyère.

Snacks und kleine Gerichte

GEFÜLLTE JALAPEÑOS

Zutaten für 16 Stück

*1 Frühlingszwiebel, 2 Knoblauchzehen,
8 große Jalapeños, 120 g Frischkäse,
100 g geriebener Mozzarella,
Salz, frisch gemahlener Pfeffer,
etwas edelsüßes Paprikapulver,
8 Scheiben Bacon*

Zubereitung *ca. 15 Min.*
Backzeit *ca. 15 Min.*

Pro Stück *ca. 49 kcal • 2 g EW • 4 g F • 1 g KH*

1. Backofen auf 200 °C (Umluft: 180 °C) vorheizen. Frühlingszwiebel putzen, waschen und trocken tupfen. Knoblauch schälen. Frühlingszwiebel und Knoblauch fein hacken. Jalapeños waschen, trocken tupfen, halbieren und entkernen.

2. Frischkäse und Mozzarella in einem Schälchen verrühren und mit Salz, Pfeffer und Paprikapulver würzen. Knoblauch und Frühlingszwiebel untermischen.

3. Jalapeñohälften mit der Frischkäsemischung füllen, Baconscheiben halbieren und Jalapeños damit umwickeln.

4. Auf ein mit Backpapier belegtes Backblech legen und im vorgeheizten Backofen ca. 15 Minuten garen. Herausnehmen und sofort servieren.

Snacks und kleine Gerichte

WEISSKOHL-STEAKS MIT BACON

Zutaten für 4 Portionen

240 ml Pflanzenöl und etwas Öl für das Blech, ½ Weißkohl, 150 g Bacon (in Scheiben), 2 TL Chiliflocken und einige Chiliflocken zum Bestreuen, Salz, frisch gemahlener Pfeffer, 2 Eigelb, 1 TL Senf, 1 EL Weinessig, 1 Prise Zucker, 1 Handvoll junge Spinatblätter zum Garnieren

Zubereitung *ca. 20 Min.*

Backzeit *ca. 30 Min.*

Pro Portion *ca. 663 kcal • 9 g EW • 68 g F • 5 g KH*

1. Backofen auf 200 °C (Umluft: 180 °C) vorheizen. Backblech mit Öl einfetten. Weißkohl waschen, trocken tupfen und äußere Kohlblätter entfernen. Kohl in ca. 1 Zentimeter dicke Scheiben schneiden und auf das vorbereitete Backblech legen.

2. Bacon in Stücke schneiden. 2–3 Esslöffel Öl mit 1 Teelöffel Chiliflocken in einem Schälchen verrühren, mit Salz und Pfeffer würzen und Kohlscheiben mit der Mischung bestreichen. Im vorgeheizten Backofen ca. 25–30 Minuten rösten, dabei Bacon ca. 15 Minuten vor Backzeitende mit aufs Blech legen.

3. Zimmerwarme Eigelbe, restliches Öl, Senf und Essig in einem hohen Rührbecher mithilfe eines Stabmixers zu Mayonnaise verarbeiten. Mit restlichen Chiliflocken, Zucker sowie etwas Salz und Pfeffer abschmecken. Spinat waschen und trocken tupfen.

4. Weißkohlsteaks und Bacon aus dem Ofen nehmen, auf Tellern anrichten und mit Spinat garnieren. Mit etwas Chili-Mayonnaise beträufeln und mit Chiliflocken bestreuen. Restliche Mayonnaise dazu reichen. Dazu passt ein frischer Spinat-Tomaten-Salat.

Snacks und kleine Gerichte

MINI-PIZZEN MIT SALAMI

Zutaten für 12 Stück

*400 g Mehl und etwas Mehl für die Arbeitsfläche,
1 TL Salz, 1 TL Zucker, 1 Würfel Hefe, 3 EL Olivenöl, 2 Tomaten,
100 g Salami, 1 rote Zwiebel, 4 EL Tomatenmark,
1 TL Pizzagewürz, 2 Zweige Rosmarin, 200 g geriebener Käse*

Zubereitung ca. 20 Min. + ca. 1 Std. Ruhezeit
Backzeit ca. 20 Min.

Pro Stück ca. 251 kcal • 11 g EW • 10 g F • 27 g KH

1. Mehl, Salz und Zucker in einer Schüssel mischen. Hefe in 220 Milliliter lauwarmem Wasser auflösen, zur Mehlmischung geben und alles mit 2 Esslöffeln Öl verkneten. Teig zu einer Kugel formen und zugedeckt an einem warmen Ort ca. 1 Stunde gehen lassen. Backofen auf 200 °C (Umluft: 180 °C) vorheizen.

2. Tomaten putzen, waschen, trocken tupfen und klein schneiden. Salami ebenfalls klein schneiden. Zwiebel schälen und in Streifen schneiden. Tomatenmark in einem Schälchen mit restlichem Öl und Pizzagewürz vermischen. Rosmarin waschen, trocken schütteln und Nadeln abzupfen.

3. Teig in 12 gleich große Portionen teilen und auf einer bemehlten Arbeitsfläche kreisrund ausrollen. Teigkreise auf ein mit Backpapier belegtes Backblech legen und dünn mit Tomatenmarkmischung bestreichen. Mit Käse und Rosmarin bestreuen und mit Tomaten, Salami und Zwiebel belegen. Im vorgeheizten Backofen ca. 15–20 Minuten backen, herausnehmen und servieren.

Snacks und kleine Gerichte

AUBERGINENRÖLLCHEN MIT TOMATEN

Zutaten für 2 Portionen

2 Auberginen (à 500 g), 2 Tomaten, 2 Zwiebeln, 50 g Walnusskerne, 150 g Couscous, 200 ml kochende Gemüsebrühe, 3 EL Olivenöl, 100 g Feta, Salz, frisch gemahlener Pfeffer, einige Salatblätter und Kräuter zum Servieren

Zubereitung *ca. 20 Min. + ca. 5 Min. Ruhezeit*
Backzeit *ca. 35 Min.*

Pro Portion *ca. 819 kcal • 30 g EW • 42 g F • 76 g KH*

1. Backofen auf 200° (Umluft: 180°) vorheizen. Auberginen und Tomaten putzen, waschen und trocken tupfen. Auberginen längs in ca. 1 Zentimeter dicke Scheiben, Tomaten in Spalten schneiden. Zwiebeln schälen und fein hacken. Walnusskerne ebenfalls fein hacken.

2. Couscous mit Brühe und 2 Esslöffeln Olivenöl mischen, ca. 5 Minuten quellen lassen und mithilfe einer Gabel auflockern. Feta mithilfe einer Gabel fein zerdrücken, mit Zwiebeln und Walnüssen zum Couscous geben und untermischen. Mit Salz und Pfeffer würzen.

3. Auberginen und Tomaten auf ein mit Backpapier belegtes Backblech legen und Auberginen mit restlichem Olivenöl beträufeln. Im vorgeheizten Backofen ca. 20 Minuten backen, dabei Auberginenscheiben nach der Hälfte der Backzeit wenden. Herausnehmen und leicht abkühlen lassen. Tomaten gegebenenfalls etwas kleiner schneiden.

4. Couscous-Walnuss-Mischung gleichmäßig auf den Auberginenscheiben verteilen, glatt streichen, Tomaten darauflegen, Auberginenscheiben aufrollen und mit Zahnstochern fixieren. Auberginenröllchen auf das Backblech legen, im heißen Ofen ca. 15 Minuten backen, herausnehmen und mit Salat und Kräutern servieren.

Fleisch und Geflügel

ROASTBEEF MIT SPARGEL

Zutaten für 5 Portionen

1 kg Roastbeef, etwas Öl für das Blech und zum Beträufeln, Salz, frisch gemahlener Pfeffer, 500 g grüner Spargel, etwas Knoblauchpulver, grobes Meersalz, etwas Rauke zum Garnieren

Zubereitung *ca. 25 Min.*

Backzeit *ca. 45 Min.*

Pro Portion *ca. 311 kcal • 46 g EW • 14 g F • 2 g KH*

1. Backofen auf 240 °C (Umluft: 220 °C) vorheizen. Roastbeef im Ganzen trocken tupfen, von groben Sehnen befreien und Fettschicht leicht einschneiden. Mit der Fettseite nach oben ein mit Backpapier belegtes und mit Öl gefettetes Backblech legen und mit Salz und Pfeffer einreiben. Im vorgeheizten Backofen ca. 15 Minuten braten.

2. Spargel waschen, trocken tupfen und im unteren Drittel schälen. Ofentemperatur auf 220 °C (Umluft: 200 °C) reduzieren und Fleisch ca. 15–20 Minuten weiterbraten.

3. Blech vorsichtig herausnehmen (Ofenhandschuhe tragen), Spargel zum Roastbeef geben und mit Öl beträufeln. Spargel im Öl wenden und mit Salz, Pfeffer und Knoblauchpulver würzen. Alles noch ca. 10 Minuten braten und herausnehmen. Fleisch einige Minuten ruhen lassen, in fingerdicke Steaks schneiden, mit grobem Meersalz bestreuen und mit gewaschener, trocken geschleuderter Rauke garniert servieren. Dazu passt Remoulade oder ein Meerrettichdip.

Tipp Gibt das Roastbeef beim Daraufdrücken nach und ist elastisch, ist es innen schön rosa. Ist es hingegen nur elastisch, ist es durchgebraten, gibt es nach und ist weich, ist es innen noch blutig.

Fleisch und Geflügel

HÄHNCHENSPIESSE MIT WURZELGEMÜSE

Zutaten für 4 Portionen

*600 g Hähnchenbrust, Saft von 3 Zitronen,
6 EL Olivenöl, 4 Möhren, 2 Rote Beten, 1 Pastinake,
2 Schalotten, 3 Knoblauchzehen, Salz, frisch gemahlener Pfeffer,
1 EL italienische Kräutermischung*

Zubereitung *ca. 25 Min.*
Backzeit *ca. 40 Min.*

Pro Portion *ca. 449 kcal • 50 g EW • 20 g F • 22 g KH*

1. Backofen auf 200 °C (Umluft: 180 °C) vorheizen. Hähnchenbrust in mundgerechte Stücke schneiden, auf acht lange Metallspieße oder gewässerte Holzspieße stecken und mit etwas Zitronensaft und 1 Esslöffel Olivenöl bestreichen.

2. Gemüse putzen, waschen und trocken tupfen bzw. schälen (zum Schälen der Roten Bete Küchenhandschuhe tragen!) und je nach Art in Scheiben, Spalten oder Streifen schneiden. Knoblauch mitsamt Schale mithilfe der flachen Messerseite leicht zerdrücken.

3. Gemüse und Knoblauch in einer Schüssel mit restlichem Olivenöl sowie etwas Salz und Pfeffer und übrigem Zitronensaft mischen.

4. Gemüsemischung auf einem mit Backpapier belegten Backblech verteilen und im vorgeheizten Backofen insgesamt ca. 40 Minuten garen. Dabei ca. 20–30 Minuten vor Garzeitende Hähnchenspieße zum Gemüse geben und während der Garzeit einmal wenden. Herausnehmen, mit Salz, Pfeffer und Kräutern würzen und sofort servieren. Dabei Knoblauch aus der Schale drücken.

HACKBÄLLCHEN IN TOMATENSOSSE

Zutaten für 4 Portionen

1 altbackenes Brötchen (vom Vortag), 1 Zwiebel,
1 Knoblauchzehe, 1 Bund Koriander,
600 g gemischtes Hackfleisch, 1 TL Senf, 1 Ei,
1 EL Oregano, Salz, frisch gemahlener Pfeffer,
etwas Paprikapulver, etwas Öl für das Blech,
800 ml stückige oder passierte Tomaten, 3–4 EL Balsamico

Zubereitung ca. 20 Min.
Backzeit ca. 25 Min.

Pro Portion ca. 516 kcal • 34 g EW • 30 g F • 24 g KH

1. Backofen auf 220 °C (Umluft: 200 °C) vorheizen. Brötchen in etwas Wasser einweichen und ausdrücken. Zwiebel und Knoblauch schälen und fein hacken. Koriander waschen, trocken schütteln, Blättchen abzupfen und ebenfalls fein hacken.

2. Hackfleisch in einer Schüssel mit Brötchen, Zwiebel, Senf, Ei, Oregano sowie etwas Salz, Pfeffer und Paprikapulver verkneten und zu kleinen Kugeln formen.

3. Fettpfanne mit etwas Öl einfetten, Hackbällchen hineingeben und im vorgeheizten Backofen ca. 5 Minuten backen. Fettpfanne vorsichtig herausnehmen (Ofenhandschuhe tragen!).

4. Stückige oder passierte Tomaten in einer Schüssel mit Knoblauch, Balsamico sowie etwas Salz und Pfeffer verrühren. Zu den Hackbällchen geben und noch ca. 20 Minuten garen. Herausnehmen, mit Koriander bestreuen und noch heiß servieren. Dazu passt Baguette oder Ciabatta.

Fleisch und Geflügel

PLATTES HUHN MIT GEMÜSE

Zutaten für 4 Portionen

2 Süßkartoffeln, 1 Möhre, 1 Maiskolben,
2 Jalapeños, 2 Chilischoten,
1 Zwiebel, 2 Frühlingszwiebeln, 4 Knoblauchzehen,
etwas Olivenöl, 1 küchenfertiges Hähnchen,
Salz, frisch gemahlener Pfeffer,
etwas Paprikapulver,
Saft von 1 unbehandelten Zitrone

Zubereitung ca. 25 Min.
Backzeit ca. 1 Std.

Pro Portion ca. 635 kcal • 59 g EW • 29 g F • 34 g KH

1. Backofen auf 200 °C (Umluft nicht empfehlenswert) vorheizen. Gemüse je nach Art schälen oder putzen, waschen und trocken tupfen und gegebenenfalls in mundgerechte Stücke schneiden. Knoblauch durch eine Presse drücken und alles in einer Schüssel mit etwas Olivenöl vermischen.

2. Hähnchen mithilfe einer Geflügelschere entlang des Rückgrat längs aufschneiden, am Brustbein etwas einschneiden, waschen, trocken tupfen und mit den Händen kräftig flach drücken. Rundum mit Öl bestreichen, mit Salz, Pfeffer und Paprikapulver würzen und aufgeklappt in eine gefettete Fettpfanne legen.

3. Gemüse rundherum verteilen, alles mit Zitronensaft beträufeln und im vorgeheizten Backofen ca. 45–60 Minuten backen, bis das Hähnchen gar und knusprig ist. Herausnehmen und auf Teller portioniert servieren.

Fleisch und Geflügel

NUDEL-HACKFLEISCH-NESTER

Zutaten für 2 Portionen

*2 Zwiebeln, etwas Öl zum Braten, 200 g gemischtes Hackfleisch,
2 EL Frischkäse, 2 TL Tomatenmark, Salz, frisch gemahlener Pfeffer,
etwas Oregano, etwas edelsüßes Paprikapulver,
2 EL Milch und ggf. etwas Milch für die Nudeln, 2 kleine Eier,
280 g gekochte Bandnudeln (vom Vortag), 160 g geriebener Käse,
einige Cocktailtomaten und etwas grob gehackter Dill zum Garnieren*

Zubereitung ca. 25 Min.

Backzeit ca. 15 Min.

Pro Portion ca. 1177 kcal • 62 g EW • 55 g F • 105 g KH

1. Backofen auf 180 °C (Umluft: 160 °C) vorheizen. Zwiebeln schälen und fein hacken. Öl in einer Pfanne erhitzen und Zwiebeln darin glasig braten. Hackfleisch zugeben und unter Rühren kurz kräftig anbraten. Frischkäse und Tomatenmark unterrühren, alles mit Salz, Pfeffer, Oregano und Paprikapulver würzen und vom Herd nehmen.

2. Milch und Eier in einem Schälchen verschlagen. Nudeln portionsweise auf ein mit Backpapier belegtes Backblech geben, mithilfe einer Gabel zu acht kleinen Nestern aufdrehen und mit den Händen rund formen. (Sind die Nudeln zu trocken, zuvor mit etwas Milch befeuchten.)

3. Nester mit der Hackfleischmischung füllen, etwas flach drücken, mit Eiermilch beträufeln und mit geriebenem Käse bestreuen. Im vorgeheizten Backofen ca. 15 Minuten backen. (Trocknet die Pasta beim Backen zu schnell aus, die Nester mit einem Stück Alufolie bedecken.) Herausnehmen und mit gewaschenen, trocken getupften Tomaten und Dill servieren.

HÄHNCHEN MIT GEMÜSESTICKS

Zutaten für 4 Portionen

*500 g festkochende Kartoffeln, 500 g Möhren,
2 Zucchini, 400 g Cocktailtomaten, 1 Knoblauchzehe,
2 EL Olivenöl, 2 EL Kräuter der Provence,
Salz, frisch gemahlener Pfeffer, 50 g Kräuterbutter,
600 g Hähnchenbrustfilets, etwas grob gehacktes Basilikum zum Garnieren*

Zubereitung *ca. 20 Min.*
Backzeit *ca. 30 Min.*

Pro Portion *ca. 454 kcal • 42 g EW • 15 g F • 34 g KH*

1. Backofen auf 200 °C (Umluft: 180 °C) vorheizen. Kartoffeln gründlich waschen, trocken tupfen und in mundgerechte Stücke schneiden. Möhren, Zucchini und Tomaten putzen, waschen und trocken tupfen. Möhren und Zucchini in dicke Stifte schneiden, Tomaten halbieren. Knoblauch schälen und fein hacken.

2. Vorbereitetes Gemüse in einer Schüssel mit Öl vermengen und auf einem mit Backpapier belegten Backblech verteilen. Mit Kräutern der Provence, Salz und Pfeffer würzen und im vorgeheizten Backofen ca. 15 Minuten garen.

3. Kräuterbutter in Stücke schneiden. Hähnchenbrustfilets waschen, trocken tupfen, salzen und pfeffern und zum Gemüse geben. Kräuterbutter daraufgeben und alles noch ca. 15 Minuten im heißen Ofen garen. Herausnehmen und mit Basilikum garniert servieren.

Fleisch und Geflügel

GEFÜLLTE PAPRIKASCHOTEN

Zutaten für 2 Portionen

4 Paprikaschoten, Salz, frisch gemahlener Pfeffer,
1 Zwiebel, 1–2 Knoblauchzehen,
650 g gemischtes Hackfleisch,
2 EL Ajvar (pikante Paprikapaste),
½ TL Kreuzkümmel, 100 g geriebener Käse,
etwas Öl für das Blech

Zubereitung *ca. 20 Min.*
Backzeit *ca. 30 Min.*

Pro Portion *ca. 1101 kcal • 75 g EW • 76 g F • 25 g KH*

1. Backofen auf 180 °C (Umluft: 160 °C) vorheizen. Paprikaschoten waschen, trocken tupfen, längs halbieren, entkernen und innen leicht salzen und pfeffern.

2. Zwiebel und Knoblauch schälen und fein hacken. Beides in einer Schüssel gründlich mit Hackfleisch, Ajvar, Kreuzkümmel sowie etwas Salz und Pfeffer mischen.

3. Paprikaschoten mit der Hackfleischmischung füllen und mit Käse bestreuen. Auf ein mit Öl gefettetes Backblech setzen und im vorgeheizten Backofen ca. 25–30 Minuten backen, bis der Käse geschmolzen und goldbraun, das Hackfleisch gar und die Paprikaschoten weich sind. Herausnehmen und sofort servieren.

Fleisch und Geflügel

SCHWEINEKOTELETTS MIT RHABARBER

Zutaten für 4 Portionen

*400 g Rhabarber, 2 rote Zwiebeln, 4 Knoblauchzehen,
2 EL Balsamico, 2 EL Olivenöl, 1 EL Honig,
Salz, frisch gemahlener Pfeffer, 3 Zweige Rosmarin,
4 Schweinekoteletts, 2 EL Butterschmalz,
einige Basilikumblättchen zum Garnieren*

Zubereitung *ca. 30 Min.*
Backzeit *ca. 35 Min.*

Pro Portion *ca. 373 kcal • 32 g EW • 22 g F • 11 g KH*

1. Backofen auf 200° C (Umluft nicht empfehlenswert) vorheizen. Rhabarber putzen, waschen, trocken tupfen und in mundgerechte Stücke schneiden. Zwiebeln und Knoblauch schälen. Zwiebeln in Streifen schneiden, Knoblauch durch eine Presse drücken.

2. Rhabarber, Zwiebeln und Knoblauch in einer Schüssel mit Balsamico, Öl, Honig sowie etwas Salz und Pfeffer mischen und auf einem Backblech ca. 20 Minuten rösten.

3. Rosmarin waschen, trocken schütteln und Nadeln abzupfen. Koteletts trocken tupfen. Butterschmalz und Rosmarin in einer Pfanne erhitzen und Koteletts darin von jeder Seite ca. 2 Minuten scharf anbraten.

4. Koteletts salzen und pfeffern und mit dem Rosmarin zur Rhabarbermischung geben. Im vorgeheizten Backofen noch ca. 10–15 Minuten garen, dabei Koteletts einmal wenden. Herausnehmen und mit Basilikum garniert servieren.

Fleisch und Geflügel

HÄHNCHENBRUST MIT ÄPFELN

Zutaten für 4 Portionen

4 Äpfel, 1 Zwiebel, 3 TL Fenchelsamen,
4 Hähnchenbrustfilets,
5 EL Öl und etwas Öl für das Blech,
1 EL Ahornsirup,
Salz, frisch gemahlener Pfeffer,
1 EL Zitronensaft

Zubereitung *ca. 20 Min.*

Backzeit *ca. 30 Min.*

Pro Portion *ca. 342 kcal • 31 g EW • 14 g F • 24 g KH*

1. Backofen auf 200 °C (Umluft: 180 °C) vorheizen. Äpfel waschen, trocken tupfen, entkernen und in Spalten schneiden. Zwiebel schälen und klein schneiden. Fenchelsamen in einem Mörser fein zerstoßen.

2. Hähnchenbrustfilets in einer großen Schüssel mit 2 Esslöffeln Öl, Ahornsirup und Hälfte der Fenchelsamen mischen. Kräftig mit Salz und Pfeffer würzen.

3. Zwiebel und Äpfel in einer Schüssel mit restlichen Fenchelsamen, übrigem Öl und Zitronensaft mischen, salzen und pfeffern.

4. Hähnchen, Zwiebel und Äpfel auf einem mit Öl gefetteten Backblech verteilen und im vorgeheizten Backofen ca. 25–30 Minuten garen. Herausnehmen und sofort servieren.

HERBSTLICHER ROLLBRATEN

Zutaten für 4 Portionen

*3 Stauden Chicorée, 400 g Champignons,
2 Zwiebeln, 5 Zweige Rosmarin,
5 Zweige Thymian, 1 kg Schweinerollbraten,
Salz, frisch gemahlener Pfeffer, etwas edelsüßes Paprikapulver,
etwas Öl für die Fettpfanne und reichlich Knoblauchöl zum Bestreichen*

Zubereitung *ca. 15 Min.*
Backzeit *ca. 2 Std.*

Pro Portion *ca. 571 kcal • 49 g EW • 39 g F • 5 g KH*

1. Backofen auf 170 °C (Umluft: 150 °C) vorheizen. Chicorée putzen, waschen, trocken tupfen und halbieren oder vierteln. Champignons putzen. Zwiebeln schälen und klein schneiden. Kräuter waschen, trocken schütteln und ebenfalls klein schneiden.

2. Rollbraten mit Salz, Pfeffer und Paprikapulver würzen. In eine gut geölte Fettpfanne setzen und im vorgeheizten Backofen ca. 1 Stunde und 30 Minuten garen. Dabei immer wieder mit Knoblauchöl bestreichen und nach ca. 1 Stunde wenden.

3. Chicorée, Champignons, Zwiebeln und Kräuter vorsichtig zum Rollbraten geben und alles noch ca. 30 Minuten garen, dabei Gemüse regelmäßig mit Knoblauchöl bestreichen. Herausnehmen, Gemüse mit Salz und Pfeffer würzen, Rollbraten in Scheiben schneiden und servieren.

Fleisch und Geflügel

ÜBERBACKENE HÄHNCHENBRUST

Zutaten für 4 Portionen

300 g Blattspinat (TK-Produkt), 600 g Hähnchenbrustfilets, Salz, frisch gemahlener Pfeffer, etwas edelsüßes Paprikapulver, 400 g Tomaten, 1 große Zwiebel, 50 g Feta, 150 g Frischkäse, etwas Knoblauchpulver, 100 g geriebener Käse (z. B. Gouda), einige Petersilienblättchen zum Garnieren

Zubereitung *ca. 15 Min.*
Backzeit *ca. 30 Min.*

Pro Portion *ca. 419 kcal • 45 g EW • 20 g F • 7 g KH*

1. Blattspinat in einem Sieb auftauen lassen und gut ausdrücken. Backofen auf 200 °C (Umluft: 180 °C) vorheizen. Hähnchenbrustfilets je nach Dicke eventuell längs halbieren und rundum mit Salz, Pfeffer und Paprikapulver würzen. Tomaten putzen, waschen, trocken tupfen und in dünne Scheiben schneiden. Zwiebel schälen und klein schneiden.

2. Hähnchenfleisch in eine mit Backpapier ausgelegte Fettpfanne legen. Tomaten und Zwiebel gleichmäßig daraufgeben. Feta in einer Schüssel mithilfe einer Gabel fein zerdrücken, mit Frischkäse und Spinat mischen und mit Salz, Pfeffer und Knoblauchpulver abschmecken.

3. Frischkäse-Spinat-Mischung auf Tomaten und Zwiebel verteilen und alles mit geriebenem Käse bestreuen. Im vorgeheizten Backofen ca. 20–30 Minuten garen, herausnehmen und mit Petersilie garniert servieren.

Tipp Nach Belieben können Sie auch anderes Gemüse verwenden, z. B. Paprika, aufgetauten Brokkoli (TK-Produkt) oder klein geschnittenen Spargel.

Fleisch und Geflügel

WÜRSTCHEN MIT BUNTEM GEMÜSE

Zutaten für 4 Portionen

*350 g Kartoffeln, 1 Zwiebel, 2 Knoblauchzehen,
je 1 gelbe, rote und grüne Paprikaschote,
6 Würstchen (z. B. Wiener oder geräucherte Würstchen),
3 EL Olivenöl, 1 EL Oregano,
1 TL edelsüßes Paprikapulver,
Salz, frisch gemahlener Pfeffer,
2 EL gehackte Petersilie*

Zubereitung *ca. 20 Min.*
Backzeit *ca. 25 Min.*

Pro Portion *ca. 465 kcal • 14 g EW • 34 g F • 21 g KH*

1. Backofen auf 200 °C (Umluft: 180 °C) vorheizen. Kartoffeln, Zwiebel und Knoblauch schälen. Paprika putzen, waschen und trocken tupfen. Kartoffeln und Paprika in mundgerechte Stücke schneiden, Zwiebel würfeln und Knoblauch durch eine Presse drücken. Würstchen in Scheiben schneiden.

2. Vorbereitete Zutaten mit Olivenöl und Oregano mischen, mit Paprikapulver, Salz und Pfeffer würzen und alles ca. 25 Minuten im vorgeheizten Backofen backen, dabei einmal wenden. Herausnehmen, auf Tellern verteilen und mit Petersilie bestreut servieren.

Fisch und Gemüse

Fisch und Gemüse

FORELLE MIT KARTOFFELN

Zutaten für 2 Portionen

*2 unbehandelte Zitronen und etwas Zitronensaft zum Beträufeln,
1 rote Zwiebel, 150 g Cocktailtomaten, 1 Bund gemischte Kräuter (z. B. Petersilie, Kerbel)
und einige Petersilienblättchen zum Garnieren, 2 küchenfertige Forellen (à 350 g),
etwas Öl für das Blech und zum Bestreichen, Salz, frisch gemahlener Pfeffer,
500 g gegarte kleine Kartoffeln (vom Vortag), etwas getrockneter Rosmarin zum Bestreuen,
2 EL Sahnemeerrettich (aus dem Glas) zum Servieren*

Zubereitung *ca. 20 Min.*
Backzeit *ca. 20 Min.*

Pro Portion *ca. 713 kcal • 78 g EW • 20 g F • 47 g KH*

1. Backofen auf 220 °C (Umluft: 200 °C) vorheizen. Zitronen heiß abspülen, trocken tupfen und in dünne Scheiben schneiden. Zwiebel schälen und in dünne Spalten schneiden. Tomaten putzen, waschen, trocken tupfen und in Scheiben schneiden. Kräuter waschen, trocken schütteln, Blättchen abzupfen und fein hacken.

2. Forellen auf ein mit Backpapier ausgelegtes und geöltes Backblech legen, auf der Oberseite mehrmals einschneiden, innen und außen leicht mit Pfeffer und Salz würzen und Oberseite mit Zitronensaft beträufeln. Hälfte der Zitronenscheiben und Kräuter in die Bauchöffnungen geben. Restliche Kräuter auf den Fischen verteilen, übrige Zitronenscheiben und Zwiebel daneben auf das Backblech legen. Kartoffeln mit etwas Öl bestreichen und danebenlegen.

3. Im vorgeheizten Backofen ca. 15–20 Minuten garen, dabei ca. 5 Minuten vor Garzeitende Tomaten mit aufs Blech geben und Gemüse mit Rosmarin bestreuen. Herausnehmen, mit Petersilie garnieren und mit Sahnemeerrettich servieren.

Fisch und Gemüse

POLENTA-PIZZA

Zutaten für 4 Portionen

*200 g Polenta (feiner Maisgrieß), 700 ml heiße Gemüsebrühe,
1 EL Olivenöl und etwas Öl für das Blech, 1 Frühlingszwiebel,
100 g Cocktailtomaten, 1 kleine Zucchini,
1 Knoblauchzehe, 100 g Crème fraîche,
Salz, frisch gemahlener Pfeffer, 125 g geriebener Mozzarella,
1 TL getrockneter Oregano, einige Thymianzweige zum Garnieren*

Zubereitung ca. 20 Min. + ca. 5 Min. Ruhezeit
Backzeit ca. 30 Min.

Pro Portion ca. 378 kcal • 13 g EW • 19 g F • 42 g KH

1. Backofen auf 200 °C (Umluft: 180 °C) vorheizen. Polenta, Brühe und Öl in einer Schüssel verrühren, bis eine dicke Masse entstanden ist. Ca. 5 Minuten quellen lassen. Backblech mit Backpapier belegen und dünn mit Öl einfetten. Polentamasse gleichmäßig auf dem Blech verteilen und glatt streichen. Im vorgeheizten Backofen ca. 20 Minuten backen.

2. Frühlingszwiebel putzen, waschen, trocken tupfen und in feine Ringe schneiden. Tomaten und Zucchini putzen, waschen und trocken tupfen. Tomaten in Scheiben schneiden, Zucchini fein würfeln. Knoblauch durch eine Presse drücken.

3. Polentaboden dünn mit Crème fraîche bestreichen, salzen, pfeffern und Frühlingszwiebel, Tomaten, Zucchini und Knoblauch gleichmäßig daraufgeben. Mit Mozzarella und Oregano bestreuen, im heißen Ofen ca. 10 Minuten backen, herausnehmen und mit gewaschenem, trocken getupftem Thymian garniert servieren.

Fisch und Gemüse

GARNELEN MIT SPARGEL

Zutaten für 4 Portionen

450 g grüner Spargel, 1 Zwiebel,
1 Knoblauchzehe, 4 Stängel Petersilie,
1 unbehandelte Zitrone und 3 EL Zitronensaft,
4 EL Olivenöl und etwas Öl für das Blech,
½ TL Salz, frisch gemahlener Pfeffer,
450 g küchenfertige Garnelen

Zubereitung *ca. 15 Min.*

Backzeit *ca. 15 Min.*

Pro Portion *ca. 232 kcal • 23 g EW • 12 g F • 4 g KH*

1. Backofen auf 200 °C (Umluft: 180 °C) vorheizen. Spargel waschen, trocken tupfen und im unteren Drittel schälen. Zwiebel und Knoblauch schälen und fein hacken. Petersilie waschen, trocken schütteln, Blättchen abzupfen und grob hacken. Zitrone heiß abwaschen, trocken tupfen und in Scheiben schneiden.

2. Öl, Zitronensaft, Salz und Pfeffer in einem Schälchen verrühren. Spargel, Garnelen, Zwiebel, Knoblauch und Zitronenscheiben auf einem mit Backpapier belegten Backblech verteilen, mit Ölmischung beträufeln und alles gut vermengen.

3. Im vorgeheizten Backofen ca. 10–15 Minuten backen, bis der Spargel zart-knusprig und die Garnelen gar sind. Herausnehmen und mit gehackter Petersilie garniert servieren.

Fisch und Gemüse

OFEN-PAELLA

Zutaten für 6 Portionen

400 g gemischte Meeresfrüchte (TK-Produkt), 250 g Erbsen (TK-Produkt), 3 Tomaten, 2 Paprikaschoten, 2 Zwiebeln, 2 Knoblauchzehen, 500 g Hähnchenbrustfilets, 150 g Chorizo (spanische Paprikawurst), 6 EL Olivenöl, 2 ½ EL Paprikapulver, Salz, frisch gemahlener Pfeffer, 300 g Langkornreis, 1 Msp. Safran, 900 ml heiße Gemüsebrühe, 2 EL Tomatenmark, 1 TL Zucker, einige unbehandelte Zitronenspalten und Korianderblättchen zum Garnieren

Zubereitung *ca. 20 Min.*

Backzeit *ca. 50 Min.*

Pro Portion *ca. 563 kcal • 42 g EW • 20 g F • 53 g KH*

1. Fettpfanne in den Ofen schieben und Backofen auf 220 °C (Umluft: 200 °C) vorheizen. Meeresfrüchte und Erbsen in einem Sieb antauen lassen. Tomaten und Paprika putzen, waschen, trocken tupfen und klein schneiden. Zwiebeln und Knoblauch schälen und fein hacken. Hähnchen und Chorizo in kleine Würfel schneiden.

2. Hähnchen in einer Schüssel mit 3 Esslöffeln Öl sowie Zwiebeln und Knoblauch mischen und ca. 5 Minuten im vorgeheizten Backofen garen, dabei einmal wenden. Herausnehmen, mit ½ Esslöffel Paprikapulver sowie etwas Salz und Pfeffer würzen und beiseitestellen.

3. Temperatur auf 200 °C (Umluft: 180 °C) reduzieren. Reis, Safran und restliches Öl in einer Fettpfanne mischen und ca. 4–5 Minuten rösten. 500 Milliliter Brühe zugießen, alles mit Tomatenmark, Zucker und übrigem Paprikapulver mischen und ca. 15 Minuten garen. Gemüse, Hähnchen, Chorizo und Meeresfrüchte zugeben, übrige Brühe zugießen und alles ca. 25 Minuten garen. Herausnehmen und mit Zitronenspalten und Koriander garniert servieren.

Fisch und Gemüse

FETA MIT OFENGEMÜSE

Zutaten für 4 Portionen

*500 g Süßkartoffeln, 2 Babymöhren,
1 rote Paprikaschote, 400 g Zucchini,
10 Cocktailtomaten, 2 rote Zwiebeln,
2 Knoblauchzehen, 150 g Feta, 4 EL Olivenöl,
2 TL Oregano, ½ TL Cayennepfeffer, 1 TL Salz,
¼ TL frisch gemahlener Pfeffer,
etwas gehackte Petersilie zum Garnieren*

Zubereitung *ca. 20 Min.*
Backzeit *ca. 50 Min.*

Pro Portion *ca. 339 kcal • 12 g EW • 17 g F • 34 g KH*

1. Backofen auf 180 °C (Umluft: 160 °C) vorheizen. Süßkartoffeln schälen und in dünne Spalten schneiden. Möhren waschen, putzen und nach Belieben klein schneiden. Paprika, Zucchini und Tomaten putzen, waschen, trocken tupfen und ebenfalls klein schneiden. Zwiebeln und Knoblauch schälen, Zwiebeln klein schneiden und Knoblauch fein hacken. Feta halbieren.

2. Öl in einer Schüssel mit Oregano, Cayennepfeffer, Salz und Pfeffer verrühren und vorbereitetes Gemüse mit der Ölmischung vermengen. Gemüse (bis auf die Tomaten) auf ein mit Backpapier belegtes Backblech geben und ca. 35 Minuten im vorgeheizten Backofen rösten.

3. Ofentemperatur auf 200 °C (Umluft: 180 °C) erhöhen. Feta und Tomaten zum Gemüse geben und alles noch ca. 10–15 Minuten garen. Herausnehmen und mit Petersilie bestreut servieren. Dazu passt ein Kräuter-Joghurt-Dip.

Fisch und Gemüse

KOHLGEMÜSE VOM BLECH

Zutaten für 4 Portionen

*750 g Rosenkohl (TK-Produkt), 1 Blumenkohl,
1 grüner oder lila Brokkoli, 2 Zwiebeln,
6 Scheiben Bacon, 3 EL Olivenöl,
1 TL Salz, frisch gemahlener Pfeffer,
etwas frisch geriebener Muskat,
1 EL Kräuter der Provence, 300 ml Gemüsebrühe,
etwas Sojasoße oder Balsamicocreme zum Beträufeln*

Zubereitung *ca. 15 Min.*

Backzeit *ca. 30 Min.*

Pro Portion *ca. 264 kcal • 16 g EW • 11 g F • 16 g KH*

1. Backofen auf 195 °C (Umluft: 175 °C) vorheizen. Rosenkohl in einem Sieb auftauen lassen. Blumenkohl und Brokkoli putzen, waschen, trocken tupfen und in Röschen teilen. Zwiebeln schälen und in Streifen schneiden. Bacon klein schneiden.

2. Vorbereitetes Gemüse und Zwiebeln in eine große Schüssel geben und gründlich mit Olivenöl, Salz, Pfeffer, Muskat und Kräutern mischen.

3. Gemüsemischung und Bacon gleichmäßig in einer Fettpfanne verteilen und Brühe zugießen. Alles im vorgeheizten Backofen ca. 30 Minuten garen. Herausnehmen und mit Sojasoße oder Balsamicocreme beträufelt servieren.

Fisch und Gemüse

LACHS MIT GRÜNEN BOHNEN

Zutaten für 4 Portionen

*500 g grüne Bohnen (TK-Produkt), 1 kg Lachsfilet,
1 unbehandelte Zitrone und 2 EL Zitronensaft, 1 grüne Paprikaschote,
1 Bund Minze, 2 Knoblauchzehen, 3 EL Olivenöl und etwas Öl zum Beträufeln,
1 EL Senf, 80 ml Gemüsebrühe, 1 Prise Paprikapulver,
Salz, frisch gemahlener Pfeffer, einige Chiliflocken*

Zubereitung *ca. 20 Min.*
Backzeit *ca. 25 Min.*

Pro Portion *ca. 635 kcal • 51 g EW • 42 g F • 8 g KH*

1. Bohnen in einem Sieb auftauen und abtropfen lassen. Lachs in vier gleich große Stücke schneiden. Zitrone heiß abspülen, trocken tupfen und in Spalten schneiden. Backofen auf 200 °C (Umluft: 180 °C) vorheizen.

2. Paprika putzen, waschen und trocken tupfen, Minze waschen, trocken schütteln und Blättchen abzupfen. Knoblauch schälen und grob hacken. Paprika, Minze, Knoblauch, Öl, Senf, Brühe, Zitronensaft, Paprikapulver sowie etwas Salz und Pfeffer in einem Standmixer pürieren.

3. Lachs und Bohnen auf vier große Stücke Alufolie verteilen. Zitronenspalten leicht darüber ausdrücken und zugeben. Alles mit etwas Öl beträufeln und Lachs mit Chiliflocken bestreuen.

4. Alufolie über den vorbereiteten Zutaten zusammenfalten und alles im vorgeheizten Backofen ca. 15–25 Minuten backen. Herausnehmen, ca. 1–2 Minuten ruhen lassen, Garzustand prüfen und mit Minzsoße servieren.

Fisch und Gemüse

TORTELLINI MIT BROKKOLI

Zutaten für 4 Portionen

*800 g Brokkoli, 350 g Cocktailtomaten, 1 rote Zwiebel,
500 g Tortellini mit Spinat-Ricotta-Füllung (aus dem Kühlregal),
4 EL Olivenöl, Salz, frisch gemahlener Pfeffer,
300 ml heiße Gemüsebrühe,
2 EL grünes Pesto, 200 g Ricotta,
abgeriebene Schale von 1 unbehandelten Zitrone,
etwas gehobelter Parmesan zum Garnieren*

Zubereitung ca. 15 Min.
Backzeit ca. 25 Min.

Pro Portion ca. 665 kcal • 29 g EW • 28 g F • 68 g KH

1. Backofen auf 200 °C (Umluft: 180 °C) vorheizen. Brokkoli und Tomaten putzen, waschen und trocken tupfen. Brokkoli in Röschen teilen, Tomaten in Scheiben oder dünne Spalten schneiden. Zwiebel schälen und in Streifen schneiden.

2. Vorbereitetes Gemüse und Tortellini in einer großen Schüssel mit Öl mischen und in eine Fettpfanne geben. Mit Salz und Pfeffer würzen. Brühe zugießen und alles im vorgeheizten Backofen ca. 20–25 Minuten garen, dabei einmal vorsichtig umrühren.

3. Herausnehmen und alles mit Pesto vermischen. Noch warm mit Ricotta, Zitronenabrieb und Parmesan garniert servieren.

Fisch und Gemüse

FRUCHTIGE TOFUSPIESSE

Zutaten für 2 Portionen

*6–8 Holzspieße, 500 g Tofu, 8 Kakis, 3 rote Paprikaschoten,
Saft von 2 Zitronen, 100 ml Olivenöl, 1 TL Salz,
½ TL frisch gemahlener Pfeffer, 1 ½ TL Kreuzkümmel,
etwas Sesam zum Bestreuen, etwas Sojasoße zum Servieren*

Zubereitung *ca. 20 Min. + ca. 45 Min. Ruhezeit*
Backzeit *ca. 25 Min.*

Pro Portion *ca. 1132 kcal • 47 g EW • 34 g F • 146 g KH*

1. Holzspieße mindestens 30 Minuten in kaltem Wasser einweichen. Tofu waagerecht halbieren, Scheiben nebeneinander auf einen mit einigen Blättern Küchenpapier ausgelegten Teller legen, mit Küchenpapier und einem weiteren Teller bedecken und mit einem Topf beschweren. Ca. 5 Minuten abtropfen lassen und Vorgang mit frischem Küchenpapier wiederholen. Tofu in ca. 2 Zentimeter große Würfel schneiden. Kakis und Paprikaschoten putzen, waschen, trocken tupfen und in Stücke schneiden.

2. Backofen auf 200 °C (Umluft: 180 °C) vorheizen. Zitronensaft, Öl, Salz, Pfeffer und Kreuzkümmel in einer großen Schüssel mischen. Tofu, Kakis und Paprika zugeben und alles gut vermengen. Ca. 15 Minuten bei Zimmertemperatur ruhen lassen, dabei gelegentlich umrühren.

3. Tofu, Kakis und Paprika aus der Marinade nehmen, abwechselnd auf die vorbereiteten Spieße stecken und diese auf ein mit Alufolie belegtes Backblech legen. Im vorgeheizten Backofen ca. 15 Minuten garen, Spieße wenden und ca. 10 Minuten fertig garen. Herausnehmen, mit Sesam bestreuen und mit Sojasoße servieren.

REZEPTREGISTER

Auberginenröllchen mit Tomaten 30

Börek mit Fetafüllung 16

Croque Monsieur 22

Feigen mit Ziegenkäse, gebackene 20
Feta mit Ofengemüse 68
Forelle mit Kartoffeln 60
Fruchtige Tofuspieße 76

Garnelen mit Spargel 64
Gebackene Feigen mit Ziegenkäse 20
Gefüllte Jalapeños 24
Gefüllte Paprikaschoten 46

Hackbällchen in Tomatensoße 38
Hähnchen mit Gemüsesticks 44
Hähnchenbrust mit Äpfeln 50
Hähnchenbrust, überbackene 54

Hähnchenspieße mit Wurzelgemüse 36
Herbstlicher Rollbraten 52
Huhn mit Gemüse, plattes 40

Jalapeños, gefüllte 24

Kohlgemüse vom Blech 70

Lachs mit grünen Bohnen 72

Mini-Pizzen mit Salami 28

Nachos vom Blech 12
Nudel-Hackfleisch-Nester 42

Ofen-Paella 66

Paprikaschoten, gefüllte 46
Plattes Huhn mit Gemüse 40
Polenta-Pizza 62

Roastbeef mit Spargel 34
Rollbraten, herbstlicher 52

Schweinekoteletts mit
 Rhabarber 48

Tofuspieße, fruchtige 76
Tortellini mit Brokkoli 74

Überbackene Hähnchenbrust 54

Weißkohl-Steaks mit Bacon 26
Würstchen mit buntem Gemüse 56

Zucchini-Eier-Nester 14
Zucchini-Sticks 18

Bildnachweis

Shutterstock: 3 o. li. Brent Hofacker, 3 o. re. casanisa, 3 u. li. Chatham172, 3 u. re. hlphoto, 5 G.MARTYSHEVA, 6 Anton Chernov, 8 New Africa, 13 Brent Hofacker, 15 Magdanatka, 17 Alp Aksoy, 19 from my point of view, 21 vlasna, 23 from my point of view, 25 Anton Chernov, 27 DronG, 29 Africa Studio, 31 Elena M. Tarasova, 35 Christin Klose, 37 casanisa, 39 Katya Kattarsiss, 41 hlphoto, 43 voloshin311, 45 zoryanchik, 47 casanisa, 49 AS Foodstudio, 51 casanisa, 53 hlphoto, 55 paulzhuk, 57 riyantiajeng, 61 Chatham172, 63 Afanasieva, 65 kochabamba, 67 zoryanchik, 69 Angelika Heine, 71 Ingrid Balabanova, 73 Syanti Ekasari, 75 KraPhoto, 77 NoirChocolate, 79 Arylanna; Coverabbildungen: siehe Innenteil

Impressum

Alle Rechte vorbehalten. Kein Teil dieses Werkes darf ohne schriftliche Einwilligung des Verlages in irgendeiner Form (Druck, Fotokopie, Mikrofilm oder in einem anderen Verfahren) reproduziert oder unter Verwendung elektronischer Systeme verarbeitet, vervielfältigt oder verbreitet werden.

Alle Informationen in diesem Buch wurden mit größter Sorgfalt erarbeitet und geprüft. Weder Herausgeber, Autor noch Verlag können jedoch für Schäden haftbar gemacht werden, die in Zusammenhang mit der Verwendung dieses Buches stehen.

Komplettproducing: twinbooks, München
Text und Lektorat: Melanie Goldmann für twinbooks, München

Genehmigte Sonderausgabe für Weltbild GmbH & Co. KG,
Ohmstraße 8a, 86199 Augsburg
Copyright © 2023 Garant Verlag GmbH

Alle Rechte vorbehalten

Umschlaggestaltung: twinbooks, München

Druck und Bindung:
NEOGRAFIA, a.s.
Strasse Sucianska 39A
038 61 Martin-Priekopa
Slowakei

Printed in the EU.

978-3-8289-3700-0

2025 2024 2023
Die letzte Jahreszahl gibt die aktuelle Sonderausgabe an.

Einkaufen im Internet:
www.weltbild.de